Marion Jana Goeritz

Seelenbrücke

Bibliografische Information der Deutschen Nationalbibliothek:

Die Deutsche Nationalbibliothek verzeichnet diese Publikation in der Deutschen Nationalbibliografie; detaillierte bibliografische Daten sind im Internet über http://dnb.dnb.de abrufbar.

© 2016 Marion Jana Goeritz

Coverbild: Marion Jana Goeritz

Herstellung und Verlag: BoD – Books on Demand, Norderstedt

ISBN: 978-3-7412-0890-4

Herzlich Willkommen liebe Leser,

eine Brücke verbindet.

Sie kann über Wasser führen, über Straßen, über Wiesen, doch in jedem Fall verbindet sie zwei Seiten miteinander.

Bildlich gesprochen können so auch Menschen füreinander eine Brücke sein. Man reicht einem Menschen die Hand, oder ein Mensch reicht uns die Hand und man bildet so eine Brücke, für ein Weitergehen. Ein schöner Gedanke, den man vielleicht behalten sollte.

Herzlichst

Marion Jana Goeritz

Nebel
umhüllte meine Welt
wie graue Schleier
Sonnenlicht gewinnt
silberner Schein
öffnet einen neuen Weg
hinaus in die Freiheit
über eine Brücke führend
hinüber zu einem Anfang
einem Neubeginn
im alten Leben

Am Ufer stehend
mit einer Geschichte im Herzen
sie lässt mich fühlen
Wasser umspielt alte Steine
wie lange mögen sie da schon sein
ihre Form geschliffen durch die Kraft
und meine Geschichte
erzähle ich dem Fluss
er nimmt sie mit in die Ferne
mit einer Träne schwimmt sie davon
in mir Leichtigkeit
was blieb war die Brücke am Fluss

Gehst du über die Brücke
lässt du Altes hinter dir
vielleicht gehst du immer noch
in die gleiche Richtung
aber es wird anders werden
du hast gefühlt
du verstehst
du hast gelernt

Spielst du mit meinen Gefühlen
lass ich deine Gefühle wieder gehen
über meine Brücke
vorbei an meinem Herzen
zurück
in dein altes Leben

Sei wie eine Brücke
trage mich
wenn meine Welt untergeht
mein Herz
es wird lachen vor Glück
sei wie eine Brücke
lass mich nicht
durch das Tiefe Wasser gehen
mein Herz
es wird fühlen wie stark du bist
sei wie eine Brücke
reich mir deine Hand
auch wenn ich mich
wiege in Glückseligkeit
und ich werde
für dich eine Brücke sein

Manchmal
ist mein Herz
wie eine Brücke
gehst du darüber
findest du in meine Seele

Meine Träume
ich habe sie schon einmal
über diese Brücke schweben lassen
ein Traum kam ohne dich zurück
meine Traumzeit
ist noch nicht beendet
fühle ich doch
viele Träume schweben noch
von mir
in deiner Welt

Schlaflose Nächte
Gefühle wühlen auf
Gedanken fangen Wünsche ein
suche nach einer Brücke
die zu deinem Herzen führt

Auf ein weißes Blatt Papier
schreibe ich meine Wünsche
und sie möchten zu dir
als Boot getarnt
lass ich es in das klare Wasser
stehe auf der Brücke
und sehe ihm nach
bis ich es nicht mehr sehen kann

Auf einer Brücke

ein Mann

er schaut dem Wasser nach

und seine Gedanken verlieren sich

im Toben der Fluten

sie reißen mit

was ihm nicht gehörte

als ein neuer Mann

kommt er nach Haus

Schließe ich meine Augen
sehe ich dich
schließt dein Herz seine Pforten
fühle ich Angst
schließt meine Seele sich ein
weine ich
doch weiß ich noch nicht
weinst du
um dich

Fallen lassen

in ein Meer aus Liebe

Vertrauen gewonnen

wird nicht verspielt

was wir brauchen

wir fühlen es

im Meer der Liebe

wir schwimmen nicht mehr

Wenn die Brückenlichter
in der Nacht
das Dunkel erhellen
fühlt ein Herz Sehnsucht
Gedanken erzählen ohne Ende
Tränenbäche
rinnen hinab in das Dunkel
Gefühle unkontrollierbar
Salz auf den Lippen
bis zum Morgen
Brückenlichter erlöschen
Gedanken ruhen
Gefühle leicht

Sie ging über die Brücke

Regenbogenfarben

Herbstlaub

ich liebe dich

ich liebe dich

waren ihre letzten Worte für mich

ich weinte

vor Glück

in Trauer

Weil ich dich liebe

schmerzt mein Herz

weil ich dich liebe

weint meine Seele

weil ich dich liebe

trage ich wohl Schuld

Tränen werden zu Perlen
doch fange sie nicht auf
lass sie zu Boden gehen
sie glänzen in der Sonne
und werden gefunden werden

Bauchgefühl

außer Kraft

Gänsehaut

Schleudergang

Gänsehaut

und nun

Tobende Fluten
Adrenalin
ohne Gepäck außer Haus
heimatlos empfunden
unerkannt unterwegs
bis dahin
du bist erkannt

Ist die Stille groß
sind Worte stumm
doch erzählen sie viel
stürmen das Herz
reißen ein die Seele
Abschied kam leise
er nahm das Vertrauen
lies es fallen
auf Boden
auf Stein
Schmerz vergeht
wende ich mich meinem Herzen zu
tröste ich meine Seele

Seine Fallen
werden ihn selbst zu Boden bringen
werden ihn halten wie ein Untier
seine Seele wird winseln
sein Herz bleibt unerwärmt
kaltes Augenlicht verbrennt
seine Fallstricke nicht
er war

Renne

entkomme seinem kalten Herzen

wünsche mich zurück in meine Welt

Liebe

Nimm dir das
was du vom Leben brauchst
doch tu niemandem weh
fahre hoch
und wenn du gefallen warst
steh wieder auf
tanze auf deinem Vulkan
drehe dich nicht um
warst du einmal gegangen
es kostet zu viel Zeit
geh vorwärts
mit Liebe
in Vertrauen

Ich will
so viel
will ich
zu viel
ich will
mich lieben sehen
will mich
sehen wie ich bin
ich will
nicht nur in meinem Leben träumen
will auch
meinen Traum leben
ich will
keine Fehler machen
will mich
nicht verstecken
ich will

meine Liebe leben

will mir

alles vergeben

ich will

gehalten sein

will mich auch

in dich fallen lassen

ich will

durch die Zeiten die mich ereilen

will mich auch

mit dir streiten

ich will mich

wiederfinden

will mich verstehen

ich will

so vieles

will ich zu viel

Ein Stein

er fiel vom Herzen

höre meine Melodie wieder

Brücken

schweigen stumm

halten aus

wer sie auch immer überschreitet

lassen gewähren

und verbinden

erzählen ihre Geschichten nicht

behalten sie bei sich

wie lang halten sie

Einen Moment
einen Augenblick
und die Welt ist nicht mehr
die sie gerade noch war
Tränen sind getrocknet
das Herz fühlt wieder
Liebe

Wer bist du

wo möchtest du sein

welchen Weg bevorzugst du

was verstehst du unter Leben

was bedeutet Liebe für dich

was lässt dein Herz vor Freude hüpfen

was fühlst du

wenn du dich selber fühlst

wer bist du

Regen

tropft in den Tag

Schirme bunt

begegnen sich

Eile geboten

doch sie tanzt durch die Pfützen

barfuss

streift sich die Tropfen

aus ihrem Gesicht

sie schmeckt weiches Wasser

ihre Kleider klatschnass

doch ihr Herz in Liebe

ihr Lächeln bezaubernd

die bunten Schirme

sie verpassen so viel

Wie kann ich es ertragen
dieses große Gefühl
es kommt einfach so
war ich in meiner Mitte
bin ich jetzt wieder nicht drin
doch ich frage mich
wieso
hast es etwas mit dir zu tun
mit deinem Gefühl
mit deiner Mitte
warst du schon einmal drin
fühlst du auch dieses große Gefühl
wie kannst du es ertragen

Leuchten die Kerzen am Abend

schaue ich in ihr Licht

erhellt

manchmal meine Gedanken

und meine Gefühle zeigen sich

Mein Herz

es schreit nach dir

deiner Liebe

in der Nacht erwacht

lässt es mich nicht mehr ruhen

schreibt Zeilen

die ich nicht verstehe

und doch lassen sie mich eintauchen

in ein Gefühl das mir gehört

Im Himmel gibt es keine Lügen
glaube ich
und wenn ich einmal
in ihm wohnen werde
schreibe ich ein Buch darüber

Im Schreiben

ein Gefühl finden

das mich verstehen lässt

kein Wort

bleibt ungeschrieben

das Herz

manchmal in Not

dann wieder befreit

Die Sonne

sie trinkt aus dem Meer

das seine Wellen hoch schaukeln lässt

im Sturm der Begegnung

Wärmende Gesichter
lächelnde Seelen
rufen nach Liebe
im Dunkel der Nacht
sie bleiben im Verborgenen
bis eine ausbricht
die Tür fällt ins Schloss

Fragen

kommen und gehen

Antworten fehlen

Gefühle erzählen

Gedanken ertragen

keine Fragen

ohne Antworten

wie die Gefühle

Schreist du in die Nacht
bleibt dein Wort ungehört
alle schlafen
bis auf einen
er wünscht sich Liebe
doch es fehlt ihm der Mut

Schattenspiel

an der Wand

es ist kein Kasperletheater

es ist wahr

Sommerregen
leise begegnet er
meiner Seele
streichelt ihre Haut ganz zart
bis die Seele weint
weil er gar nicht liebt

Manchmal

bist du mir fremd

manchmal

so nah

Sehnsuchtsbilder erklingen

eine alte Melodie

immer noch

Liebespfeile
sie fliegen im Wind
ereilen ein Herz
das traurig gestimmt
durchbohren den Schmerz
lassen ihn fallen
frei ist ein Herz

Dicke Mauern

Heilige

wärmen ein frierendes Herz

hüllen es ein in sein Gebet

nehmen ihm den Schmerz

für den Moment

der ewig währt

Wenn Nachts

die Schreie hallten

die Seelen

Fäuste ballten

war die Zukunft ungewiss

doch wir leben noch

Seelenkind

so viel geschluckt

erfahren in der Nacht

deine Worte

brachten Stille

das hattest du gut gemacht

Von Weitem
sah ich diese Fratzen
wie ihre Mäuler schmatzten
sie wollten immer mehr
mehr als sie tragen konnten
doch gingen sie zu Bruch
nein
sie leben noch
doch wie

Die Vergangenheit
erzählt Geschichten
manchmal
laut und leise auch
sie wohnen noch lange in der Seele
eine Brücke tut dann Not
sie nimmt dem Alten seine Kraft
lässt Neues dich begrüßen
und gehst du in Vertrauen darüber
hast du es geschafft

Wer mögen die Pfeiler sein
die diese Hand nur tragen
sie reicht dir eine Zukunft
nichts musst du mehr ertragen

Wie geht man über eine Brücke

schneller

langsamer

sieht man nach unten

um zu sehen

was man nicht berühren darf

manchmal

fuhr ich schon über eine Brücke

langsam

dann doch wieder schnell

eines habe ich gelernt

langsamer ist wohl lehrreicher

man versteht sein Leben

immer besser

Ist es ein Zeichen
keine Brücke führt hinüber
vielleicht
wohnt die Kraft in uns

Es regnet in die Seele
geht man über
oder
unter die Brücke
ich gehe darüber
da scheint die Sonne
und die Seele
trocknet ihre Kleider

Von Marion Jana Goeritz ebenfalls beim Verlag BoD erschienen (BoD Books on Demand, Norderstedt, nähere Informationen finden Sie unter www.BoD.de)

„Liebe für die Seele Band 1"
ISBN 978-3-7357-4045-8

„Liebe für die Seele Band 2"
ISBN 978-3-7357-7734-8

„Seelenweiß"
ISBN 978-3-7347-5769-3

„Seelen essen Liebe gern"
ISBN 978-3-7347-8706-5

„SeelenEngel" ein spiritueller Erfahrungsbericht
ISBN 978-3-7386-2588-2

„SeelenSchlüssel"
ISBH 978-3-7386-3844-8

„Seelenfarben"
ISBN 978-3-7386-3947-6

„Seelenschimmer"
ISBN 978-3-7386-4014-4

„Seelenfinden"
ISBN 978-3-7386-4037-3

„Ein Gefühl meiner Seele"
ISBN 978-3-7386-1506-7

„Seelenfrieden" Danken, Bitten, Entspannung
ein persönlicher Erfahrungsbericht
ISBN: 978-3-7386-4884-3

„Seelenweihnacht"
ISBN: 978-3-7386-5616-9

„Im Land unter dem Regenbogen" Wunderbare
Märchen und unglaubliche Geschichten
ISBN: 978-3-7392-0115-3

„Freddy und seine Geschichten"
ISBN: 978-3-7386-3321-4

„SeelenWorte"
ISBN: 978-3-7392-0455-0

„Herzanker"
ISBN: 978-3-7392-3482-3

„Im Fluss der Liebe"
ISBN: 978-3-7392-3489-2

„Seelenklänge"
ISBN: 978-3-7392-3532-5

„Liebeslied"
ISBN: 978-3-7392-3548-6

„Wahre Traumtänzerin"
ISBN: 978-3-7392-3556-1

„Emilia Sommerfeld"
ISBN: 978-3-7392-3787-9

„Für mich war es Liebe"
ISBN: 978-3-8423-5362-6

„Kaleidoskop"
ISBN: 978-3-8423-5738-9

„Die verzauberte Wiese"
ISBN: 978-3-7412-0772-3

Weitere Informationen zu Neuerscheinungen
finden Sie immer auf meiner Seite

www.buchkaleidoskop.Reikipraxis-Goeritz.de